Grands Présidents I numéro **9**

ULYSSES S. GRANT
ET LA RECONSTRUCTION DU SUD

Une présidence
entachée
par les scandales

par Pierre-Jean Delvoye

50MINUTES

Avec la collaboration de Christophe Maggi

ULYSSES SIMPSON GRANT

CARTE D'IDENTITÉ

- **Naissance ?** Le 27 avril 1822 à Point Pleasant (Ohio)
- **Mort ?** Le 23 juillet 1885 à Wilton (New York)
- **Parti politique ?** Le Parti républicain
- **Dates des élections ?**
  - Le 3 novembre 1868
  - Le 5 novembre 1872
- **Durée des mandats ?** Huit ans
- **Apports majeurs ?**
  - Le soutien à la mise en œuvre des droits civiques des Noirs et des Amérindiens
  - La continuation de la politique de reconstruction
  - Les premières tentatives de réforme de la fonction publique

INTRODUCTION

Un homme peut-il accéder aux plus hautes destinées de son pays sans s'y être longuement préparé ? La vie d'Ulysses Simpson Grant tend à répondre à cette question. S'il est qualifié d'homme loyal, intègre et moderne dans son *leadership*, il dispose de certaines qualités qui guideront son action dans sa vie professionnelle et qui, parfois, le mèneront à faire preuve d'une certaine naïveté dans quelques domaines.

Héros de la guerre de Sécession (1861-1865), Ulysses Simpson Grant entre en politique avec une vision claire sur le long terme, sans toute-fois en maîtriser tous les codes. Devenu extrêmement populaire, il est élu 18e président des États-Unis en 1868 sans véritable expérience de l'exercice du pouvoir, et est réélu en 1872. Ses mandats sont notamment marqués par la poursuite de la politique de reconstruction du Sud nécessaire à la suite de la guerre de Sécession, par les tensions sociales ainsi que par des problèmes économiques. Quelques scandales viendront également entacher sa présidence.

À la fin de sa vie, il connaît certains revers en politique et en affaires, et occupe son temps libre en rédigeant ses mémoires, aujourd'hui considérés comme un classique de la littérature américaine et militaire.

ENFANCE ET ÉDUCATION

Le 27 avril 1822, Jesse Root Grant (1794-1873), un marchand de peaux, et Hannah Simpson Grant (1798/1799-1883) donnent naissance à Hiram Ulysses Grant, à Point Pleasant. L'éducation que le jeune garçon reçoit de ses parents, méthodistes (mouvement protestant prônant la fin de la société coloniale) et défenseurs des idées abolitionnistes, aura une influence majeure sur le développement idéologique du futur président.

Sous la pression de son père et avec l'aide du représentant de l'Ohio, Thomas Lyon Hamer (1800-1846), il intègre l'académie militaire de West Point, et, lors de son inscription dans le registre, le député fait une erreur dans son nom, qu'il écrit « Ulysses S. Grant ». Pour lui, ce « S », qui fait référence au nom de jeune fille de sa mère, ne signifie rien, puisque cette dernière s'est toujours montrée indifférente à son égard, mais il ne s'en offusque pas. Ses initiales (US) lui valent d'ailleurs le surnom de « Sam », en référence à l'oncle Sam.

L'ONCLE SAM

L'utilisation de l'expression « l'oncle Sam » pour désigner les États-Unis proviendrait des initiales d'*United States of America*, « US Am ». Une autre hypothèse réside dans la référence à Samuel Wilson (1766-1854), fournisseur de viandes à l'armée américaine. La denrée était contenue dans des barils – dont les États-Unis étaient propriétaires – flanqués d'un « U.S. ». Dès lors, les soldats ont plaisanté en affirmant qu'il s'agissait des initiales de l'oncle Sam.

Bien que n'ayant aucun goût pour la vie militaire, il démontre des qualités de cavalier exceptionnelles, établissant même un record en saut d'obstacles inégalé durant 25 ans. Classé 21e sur 39 étudiants, c'est avec joie qu'il quitte West Point. Il est ensuite affecté aux *Jefferson Barracks Military Post*, une caserne militaire située près de Saint-Louis (Missouri), avec le grade de sous-lieutenant responsable de l'approvisionnement.

EN TEMPS DE GUERRE

Entre 1846 et 1847, Ulysses Simpson Grant participe à la guerre américano-mexicaine qu'il considère comme injuste puisqu'elle a, selon lui, pour unique but le développement de l'esclavagisme à l'Ouest. Il est remarqué pour ses talents de cavalier lors de la bataille de Monterrey (21-23 septembre 1946), de même qu'à la bataille de Chapultepec (septembre 1847), où il parvient à déployer un obusier dans un clocher. Il est toutefois injustement accusé d'être responsable des lourdes pertes subies, mais sera finalement acquitté. C'est également au cours de ce conflit qu'Ulysses Simpson Grant découvre le commandement et tire de nombreux enseignements de ses échanges avec le major général Zachary Taylor (futur président des États-Unis, 1784-1850).

LA GUERRE AMÉRICANO-MEXICAINE

La guerre américano-mexicaine marque l'opposition au Congrès entre d'une part les démocrates du Sud, qui voient dans l'expansion territoriale des États-Unis – en particulier vers le sud-ouest – la possibilité d'étendre leur économie fondée sur le régime de l'esclavage, et de l'autre les abolitionnistes nordistes, qui voient d'un mauvais œil l'expansion de cette pratique et les problèmes de concurrence qu'elle engendre. Sur le plan international, le conflit marque la mise en œuvre de la « destinée manifeste » du peuple américain à occuper le territoire actuel des États-Unis. En 1845, le Texas est incorporé aux États-Unis, et les Américains tentent ensuite de racheter la Californie et le Nouveau-Mexique. Mais en 1846, ont lieu différents événements – contestés – près de la frontière américano-mexicaine qui provoquent, le 13 mai, la déclaration de guerre des États-Unis.

Après une dizaine de batailles, toutes remportées par les Américains, la guerre se termine avec la prise de Mexico City et la capitulation du président Antonio López de Santa Anna (1794-1876) le 17 septembre 1847. Le 2 février 1848, le traité de Guadalupe Hidalgo entérine la cession de la Californie et du Nouveau-Mexique ainsi que la reconnaissance par le Mexique de l'intégration du Texas aux États-Unis en échange du paiement de 15 millions de dollars et l'abandon de certaines créances.

Entre 1848 et 1853, bien qu'ayant le grade de capitaine, Ulysses Simpson Grant ne trouve pas sa place dans l'armée, et cumule déboires financiers et professionnels. En 1854, suite à des rumeurs d'alcoolisme, il est forcé de démissionner, mais conserve malgré tout son honneur, car aucune preuve formelle n'a pu être trouvée. Le retour à la vie civile se révèle toutefois difficile. Ulysses Simpson Grant tente différentes activités, telles que la gestion d'une succursale de la tannerie de son père dans l'Illinois, l'agriculture sur les terres de son beau-père, ou encore la collecte d'impôts avec un cousin de son épouse, toujours avec peu de succès.

En 1861, le pays est secoué par une nouvelle guerre qui voit se déchirer le Nord et le Sud. Le 12 avril, des groupes armés attaquent Fort Sumter (Caroline du Sud), provoquant la sécession des États du Sud, qui se rassemblent pour former les États confédérés d'Amérique. Ulysses Simpson Grant participe au conflit en tant que recruteur dans l'Illinois et, avec le soutien du représentant Elihu Benjamin Washburne (1816-1887), il est promu colonel et ensuite brigadier-général. Il s'illustre dans différentes campagnes et batailles, dont celles de Vicksburg (18 mai-4 juillet 1863) et de Chattanooga (23-25 novembre 1863). Par conséquent, lorsqu'Abraham Lincoln (homme d'État américain, 1809-1865) remarque avec déception les actions de ses généraux en chef lors de la bataille de Gettysburg (1er-3 juillet 1863), il les renvoie et nomme Ulysses Simpson Grant lieutenant général, lui conférant également le titre de commandant de toutes les armées de l'Union. Ce dernier développe un style de commandement stratégique très novateur pour l'époque, fondé sur la supervision et la détermination. En mars et avril 1865, les armées fédérées viennent à bout des armées confédérées par la prise de Petersburg et de Richmond. Le 9 avril 1865, il signe la capitulation sudiste avec le général Robert Edward Lee (1807-1870) à Appomatox.

LA PRÉSIDENCE

La popularité d'Ulysses Simpson Grant est telle que, lorsqu'Andrew Johnson (1808-1875) succède à Abraham Lincoln qui vient d'être assassiné, celui-ci décide de remplacer son secrétaire à la Guerre par Ulysses Simpson Grant contre l'avis du Congrès, et ce malgré leurs nombreuses mésententes. Il n'occupe toutefois cette fonction qu'un temps puisque son prédécesseur est rapidement réinstauré.

Sa notoriété nouvellement acquise lui permet de remporter les élections de 1868 et de prolonger son mandat en 1872. Sa présidence, la première de l'« âge doré » américain (*Gilded Age*), bien qu'empreinte de scandales et de corruption, est notamment marquée par la poursuite de la politique de reconstruction du Sud, par le soutien aux droits civiques des Noirs ainsi que par la lutte contre les persécutions des anciens esclaves et par quelques succès en politique étrangère.

Après les élections de 1876, il se retire de la politique pour effectuer un tour du monde, où il est reçu tel un chef d'État dans nombre de pays européens et asiatiques. À son retour en Amérique, il tente d'obtenir l'investiture républicaine pour l'élection présidentielle de 1880, mais n'y parvient pas. Il se lance alors dans les affaires avec peu de réussite. C'est finalement avec l'écriture qu'il rencontre le succès : tout d'abord, en rédigeant des articles puis ses mémoires, qu'il termine en juillet 1885, peu avant son décès. Cette œuvre majeure, centrée sur sa carrière militaire et souvent comparée aux *Commentaires sur la guerre des Gaules* de Jules César (homme d'État romain, 100/101-44 av. J.-C.), assure à sa veuve et à ses enfants de confortables rentrées d'argent.

CONTEXTE POLITIQUE, SOCIAL ET ÉCONOMIQUE

Après la guerre de Sécession, une politique de reconstruction des États du Sud est lancée, débouchant notamment sur la réintégration territoriale, administrative et politique des États sécessionnistes à l'Union. Cette période trouble est suivie par ce que les écrivains américains Charles Dudley Warner (1829-1900) et Mark Twain (1835-1910) ont qualifié d'« âge d'or », qui s'étend des années 1870 à 1900.

LA RECONSTRUCTION

La période de reconstruction du Sud, qui commence en 1863 avec l'émancipation des esclaves et se termine en 1877, a pour but de réintégrer les 11 États sécessionnistes au sein de l'Union, en y faisant appliquer les droits civiques et les lois passées en ce sens. Elle concerne trois présidents :

- Abraham Lincoln ;
- Andrew Johnson ;
- Ulysses S. Grant.

C'est dans ce contexte qu'apparaissent les ligues suprématistes blanches du Sud, notamment le Ku Klux Klan, qu'Ulysses Simpson Grant fait dissoudre en 1871. Celles-ci s'opposent violemment à l'occupation militaire des États sudistes par les armées de l'Union ainsi qu'aux coalitions formées par des hommes venus du Nord (surnommés les *Carpetbaggers*, littéralement « ceux qui portent un sac », parce qu'ils donnaient l'impression de vouloir tirer profit de l'après-guerre), par des hommes du Sud qui soutenaient la reconstruction (les *Scalawags*) ou encore par des esclaves affranchis, se plaçant tous sous la bannière du Parti républicain pour former des gouvernements.

SUR LE PLAN POLITIQUE

Un monde politique en crise

Au sortir de la guerre, l'expansion économique et la défiance éprouvée vis-à-vis du politique provoquent une véritable paralysie. La majorité à la Chambre des représentants, l'une des deux assemblées qui forme, avec le Sénat, le Congrès, change six fois sur les 11 mandats compris entre 1869 et 1891. Ainsi, les présidents succédant à Ulysses Simpson Grant sont, à l'exception du seul président démocrate de cette période, Grover Cleveland (1837-1908), qualifiés de « présidents oubliables » (*forgettable presidents*) en raison de leur perte d'influence au profit du Congrès et du monde des affaires. Dans un tel contexte, un système tripartisan tente d'émerger avec l'apparition périodique et épisodique de petits partis se positionnant sur des questions relatives à la prohibition, les syndicats ou encore les agriculteurs.

Bien que les fédérés nordistes aient gagné la guerre de Sécession et que les républicains aient imposé leur bagage idéologique, notamment au sujet de l'abolition de l'esclavage, la reconstruction et la défense des droits civiques des anciens esclaves s'avèrent difficiles du fait de l'emprise politique et économique des anciens esclavagistes démocrates dans les États du Sud. Toutefois, malgré l'urgence de la situation, les Partis démocrate et républicain s'opposent surtout sur des questions morales et sociales plutôt que sur les enjeux économiques ou sur les clivages ethniques et religieux. Ces derniers thèmes ne sont cependant pas totalement oubliés puisque les deux partis ne parviennent à s'accorder quant aux questions relatives à la monnaie et aux tarifs douaniers. Alors que les républicains se disent favorables aux taxes douanières élevées, favorisant ainsi l'industrie américaine dans le marché intérieur, les démocrates souhaitent, eux, limiter les coûts du secteur agricole, qui représente environ 75 % du commerce extérieur américain de l'époque.

Le Parti républicain et le Parti démocrate

Le Parti républicain trouve ses origines idéologiques et doctrinales dans le puritanisme et se réfère à des codes moraux stricts tant au niveau politique que social. Ses valeurs sont issues de la classe moyenne dite « wasp » (acronyme de *white anglo-saxon protestants*, c'est-à-dire les « protestants anglo-saxons blancs » qui se disent les descendants des premiers colons venus d'Europe), telles que la modération et un certain conformisme moral. Par ailleurs, le parti développe la doctrine de l'*identity-of-interest*, selon laquelle le peuple doit accepter sa position sociale dans la mesure où les classes sociales aisées savent ce qui est mieux pour le pays. Il reçoit le soutien du monde des affaires, des États du Midwest et des petites villes rurales du Nord-Est, ainsi qu'un appui massif des Afro-Américains, essentiellement en raison de l'action et du souvenir d'Abraham Lincoln. Il peut également compter sur le soutien des vétérans de la guerre de Sécession, notamment grâce à la GAR (*Grand Army of the Republic*), une puissante association fraternelle qui regroupe plusieurs centaines de milliers des leurs. C'est à cette époque également que les idées prohibitionnistes gagnent le Parti républicain. Toutefois, des luttes intestines éclatent dans les années 1870 et 1880, ce qui entraîne le blocage du parti.

Le Parti démocrate trouve quant à lui ses partisans au sein des grands propriétaires sudistes et des nouveaux immigrants, en particulier catholiques (surtout des Irlandais) et luthériens (principalement des Allemands), présents dans les grands centres industriels du Nord et du Midwest. Ces immigrants trouvent dans le parti une volonté d'équité sociale et des visions morales et religieuses plus souples et en meilleure adéquation avec leur statut particulier.

Les réformes de la fonction publique

La fin du XIXe siècle est marquée par le système du patronage, par lequel les postes de fonctionnaires sont attribués non grâce au mérite ou sur concours, mais bien par soutien politique. Cela entraîne donc une vaste corruption et des « rétrocommissions » des agents au parti qui les a fait nommer, permettant entre autres le financement des campagnes électorales. Ce principe est d'autant plus important que le service public se déploie dans des nouveaux champs d'activités variés, tels que la poste, l'enseignement, les pensions ou encore le droit du travail. Pour tenter de régler cette problématique, différentes tentatives de réforme de la fonction publique sont mises en place. La plus notable est le *Pendleton Civil Service Reform Act* (1883), passé sous la présidence de Chester Alan Arthur (1830-1886). Cette loi fédérale institue un ensemble de règles et de mesures visant à attribuer les offices publics au mérite, sur base des propositions de la *Civil Service Commission*, chargée d'administrer les examens de recrutement des postes « classifiés » – les autres étant toujours soumis au *spoil system* (« système des dépouilles » qui consiste à placer des partisans du gouvernement à certains postes) et au patronage. En 1884, 10 % des emplois sont « classifiés » contre environ 90 % au début des années 1980. Cette mesure encourage donc les partis à se tourner vers de nouvelles sources de financement, en particulier les grandes sociétés.

SUR LE PLAN ÉCONOMIQUE

Sur le plan économique, la période de l'âge doré commence à la fin de la guerre de Sécession, en 1865, et perdure durant la période de reconstruction et la crise de 1873-1877.

Cette époque, euphorique et prospère, est marquée par la croissance la plus rapide qu'ait connue l'histoire américaine sur les plans économique, industriel et démographique. Dans les années 1870, le PIB des États-Unis croît à un taux moyen net de 6,8 %, alors qu'il était de 4,6 % en 2013. Par ailleurs, l'on peut observer l'essor de l'industrie des métropoles du Nord-Est et l'ascension de redoutables financiers, tels que John Davison Rockefeller (1839-1937), Andrew Carnegie (1835-1919) ou encore John Pierpont (« J.P. ») Morgan (1837-1913).

Surnommés les barons voleurs (*robber barons*) suite à leurs nombreux abus de pouvoir, ceux-ci concentrent peu à peu la plupart des moyens de production et la majorité du capital. Alors, pour fluidifier le marché et mettre à mal leurs positions quasi monopolistiques dans nombre de secteurs cruciaux, les premières lois antitrust sont mises en place, dont le célèbre *Sherman Antitrust Act* de 1890, qui interdit notamment les ententes illicites pouvant entraver le commerce.

Néanmoins, ces richissimes magnats montrent aux classes les plus aisées du pays l'exemple de la philanthropie. De nombreux hôpitaux, écoles, universités, musées, etc., voient le jour sous l'impulsion des associations caritatives qu'ils soutiennent. Il faut noter que, outre l'opération publicitaire et de marketing que de tels investissements représentent, une telle générosité permet également de canaliser les éventuelles contestations sociales.

L'âge doré voit également l'éclosion et la croissance rapide des usines, des mines, des banques, des commerces familiaux et, surtout, des moyens de communication (chemins de fer, bateaux à vapeur), qui facilitent les déplacements sur un territoire toujours plus grand et permettent la migration des travailleurs. Toutefois, cette période prospère se termine avec l'épisode dit de la « panique de 1893 », provoqué par la faillite de banques qui avaient spéculé sur les chemins de fer, les mines et les cultures. La crise qui en découle dure six ans.

SUR LE PLAN DES RELATIONS INTERNATIONALES

À la fin du XIXᵉ siècle, les États-Unis sont essentiellement isolationnistes et concentrés sur leur politique interne.

L'âge doré voit toutefois la mise en œuvre et le développement de la doctrine du président James Monroe (1758-1831), qui condamne tout interventionnisme européen sur le continent et toute ingérence américaine dans les affaires de l'Europe. Cette mesure met ainsi fin aux prétentions coloniales européennes sur le sol américain, en interprétant toute tentative qui irait en ce sens comme une agression contre les États-Unis. La France, sous le Second Empire de Napoléon III (1808-1873), l'apprend à ses dépens en tentant de mettre en place au Mexique un pouvoir impérial qui lui est favorable entre 1862 et 1866.

Toutefois, dans les années 1870 et 1880, les États-Unis interviennent en Amérique latine afin d'arbitrer certains différends. C'est à ce moment que naissent les premières visions impérialistes américaines.

L'ARRIVÉE AU POUVOIR

Le président Andrew Johnson, qui précède Ulysses Simpson Grant à la Maison-Blanche, est peu adroit dans la gestion de la période suivant la guerre de Sécession. Celui-ci parle d'ailleurs de « restauration » plutôt que de « reconstruction » dans les États du Sud. En mai 1865, il promulgue l'amnistie qui voit la libération de tous les officiers sudistes blancs de haut rang, mais suggère de limiter le droit de vote des Noirs dans la région. Irrité par cette décision, Ulysses Simpson Grant, promu général des armées des États-Unis, considère qu'il faut maintenir la présence militaire dans le Sud, et ce en collaboration avec le bureau des affranchis (*Freedmen's Bureau*), afin de protéger les anciens esclaves. L'idée est toutefois rejetée par Andrew Johnson, mais la Chambre des représentants abonde dans le sens du général et vote 23 lois qui renforcent le bureau des affranchis, ainsi que le *Civil Rights Act* de 1866, qui protège les droits de tous les citoyens américains, indépendamment de la couleur de leur peau ou de leur précédent état d'esclave. Deux ans plus tard, cette loi sera à la base du 14ᵉ amendement, qui assure la citoyenneté à toute personne née sur le territoire américain. La Chambre vote également, en 1867, deux *Military Reconstruction* qui placent un général à la tête des États « rebelles », regroupés en districts militaires, à l'exception du Tennessee qui approuve rapidement le 14ᵉ amendement pour que le droit de l'Union, et en particulier les droits civiques, soient appliqués. Désireux d'écarter Ulysses Simpson Grant, Andrew Johnson tente de l'envoyer au Mexique, mais le général refuse l'affectation. Excédé par la politique et l'attitude du président, le Congrès vote le *Tenure of Office Act* – loi qui sera abrogée en 1887 –, empêchant le président de révoquer le titulaire d'un office public sans le consentement du Sénat.

Constatant la popularité d'Ulysses Simpson Grant, Andrew Johnson décide, en 1867, de remplacer son secrétaire d'État à la Guerre, Edwin McMasters Stanton (1814-1869), par celui-ci, qui accepte la charge à contrecœur. Par cette manœuvre, le président souhaite faire rejaillir sur lui la notoriété du général et compromettre un opposant potentiel ayant dorénavant rejoint le camp des républicains radicaux. Mais il le fait en dehors de toute session du Congrès. Par conséquent, lorsque celui-ci se réunit à nouveau, il réinstaure Edwin McMasters Stanton dans ses fonctions. Andrew Johnson pense toutefois avoir atteint ses objectifs puisqu'en janvier 1868, la presse, favorable à l'ancien secrétaire d'État à la Guerre, se montre particulièrement vindicative vis-à-vis d'Ulysses Simpson Grant et fustige sa « trahison ». Mais cette controverse aura l'effet inverse et renforcera même la popularité du général, qui défend sa position dans une lettre ouverte au président.

L'ÉLECTION PRÉSIDENTIELLE DE 1868

Grâce à sa popularité, Ulysses Simpson Grant est choisi comme candidat par la convention républicaine de 1867 dès le premier tour de scrutin. À ses côtés se trouve le représentant de l'Indiana Schuyler Colfax (1823-1885), qui se présente comme candidat à la vice-présidence. Les démocrates choisissent, pour leur part, au 22e tour de scrutin, le gouverneur de l'État de New York, Horatio Seymour (1810-1886).

Conformément à la pratique de l'époque, mais probablement aussi en raison du peu d'inclination à le faire lui-même, Ulysses Simpson Grant ne fait pas campagne personnellement et en laisse le soin à ses partisans. La campagne républicaine s'axe dès lors autour de la *bloody shirt* (« chemise ensanglantée »), qui fait référence à la guerre qui vient de se clôturer et qui a pour but de réveiller les passions et de concentrer l'attention sur la reconstruction du Sud, ainsi qu'autour de la personnalité et des propos racistes du candidat vice-président démocrate, Francis Preston Blair Junior (1821-1875).

De leur côté, les démocrates décident de se concentrer principalement sur leur volonté d'en finir avec la reconstruction et n'hésitent pas à critiquer les droits des Noirs. Mais en voulant rendre le pouvoir aux planteurs blancs du Sud, ils perdent le soutien de nombreux démocrates nordistes.

C'est donc avec 52,7 % des voix et le soutien de 214 grands électeurs contre 80 qu'Ulysses Simpson Grant remporte le vote populaire. À 46 ans, il devient le plus jeune président de l'histoire de l'époque.

LE PREMIER MANDAT (1869-1873)

La politique de la reconstruction du Sud

Dès son premier mandat, Ulysses Simpson Grant rompt avec la tradition :

- tout d'abord, il ne souhaite pas que le président sortant, Andrew Johnson, l'accompagne lors de son investiture. Ce dernier décide dès lors de ne pas y assister ;
- ensuite, afin de conserver une unité nationale et d'éviter les disputes partisanes, il ne choisit pas les membres de son gouvernement parmi les cadres du Parti républicain ;
- pour terminer, il constitue son cabinet sans consulter le Congrès et ne communique ses choix qu'après avoir reçu l'approbation du Sénat.

Par la suite, il décide de continuer la politique de reconstruction du Sud, et, en 1870, tous les États confédérés sont à nouveau admis dans l'Union.

La même année, il fait voter par le Congrès les *Enforcement Acts*, qui condamnent les privations des droits civiques et autorisent le recours à la force pour les sauvegarder. C'est sur cette base qu'il fait arrêter les membres du Ku Klux Klan en mai 1871, ce qui permet la tenue d'élections dans le Sud où la participation des Noirs atteint des records. En 1872, il signe l'*Amnesty Act*, rendant leurs droits civiques aux anciens confédérés. Toutefois, de nouveaux groupes conservateurs et suprématistes violents voient le jour, comme les *Red Shirts* ou la *White League*, qui agissent cette fois publiquement.

Dans le Sud, la situation reste tendue, mais les scandales et la crise économique permettent à Ulysses Simpson Grant d'éviter d'y utiliser trop souvent la force. Par ailleurs, grâce à son secrétaire d'État, Hamilton Fish (1808-1893), il trouve une solution diplomatique au conflit opposant l'Union au Royaume-Uni, qui avait soutenu secrètement les Confédérés en construisant et en armant cinq navires, dont le *CSS Alabama*, malgré la loi sur la neutralité britannique. Cette affaire, couramment désignée comme « les réclamations de l'Alabama » (*Alabama Claims*), est la première résolue par le biais d'une action en justice intentée devant une cour internationale.

La politique internationale

Sur le plan international, Hamilton Fish et le président désirent acquérir certaines îles des Caraïbes, notamment l'île d'Hispaniola (actuelle République dominicaine), afin d'y établir les esclaves affranchis et de favoriser l'abolition de l'esclavage au Brésil et à Cuba. Mais le Sénat refuse le traité d'annexion, soit par crainte de voir la population noire de l'Union augmenter, soit par crainte de faire diminuer le nombre de nations souveraines gouvernées par des Noirs dans l'hémisphère occidental, faisant ainsi échouer le projet. En 1873, suite à l'affaire du *Virginius* concernant le contrôle de Cuba, les États-Unis sont contraints de verser des réparations à l'Espagne, qui contrôlait alors le pays. Par ailleurs, le président met en place quelques actions afin d'ouvrir les marchés de la Corée et de la Chine, qui se soldent par un échec.

Ulysses Simpson Grant prend également à cœur de s'occuper des Amérindiens par une politique bienveillante, connue sous le nom de « politique de paix » (*Peace Policy*). Elle a pour but :

- d'assurer leur assimilation à la civilisation américaine ;
- de remplacer les hommes d'affaires jouant le rôle d'intermédiaires avec les tribus par des missionnaires et des fonctionnaires ;
- de les regrouper dans des réserves supervisées par des Blancs.

Il met également de l'ordre dans le bureau des affaires indiennes et nomme à sa tête un Sénéca (peuple amérindien situé dans l'actuel État de New York) qui faisait partie de son état-major, Ely Samuel Parker (1828-1895). Cette politique est un demi-échec, car elle entraîne de nouveaux conflits avec les tribus, suite à l'installation de pionniers blancs et à l'intensification de la chasse au bison. Néanmoins, la manœuvre favorise la percée de l'Union vers l'Ouest.

Économie et premiers scandales

Alors que, durant de la guerre de Sécession, de grandes quantités de billets non convertibles en or ont été émis pour soutenir l'effort de guerre, Ulysses Simpson Grant décide de remettre de l'ordre dans cette politique monétaire inflationniste et émet le désir de revenir à l'étalon-or.

En 1869, il fait passer le *Public Credit Act*, qui garantit le remboursement des bons du Trésor en or et non en billets. Toutefois, deux financiers américains, Jay Gould (1836-1892) et James Fisk (1835-1872), utilisent les liens qu'ils entretiennent avec le beau-frère du président pour lui suggérer de restreindre la vente d'or et ainsi manipuler le cours en leur faveur. Lorsque le président l'apprend, il décide d'intervenir, ce qui aura pour conséquence de faire chuter le cours de l'or le 22 septembre 1869, journée appelée *Black Friday* (« Vendredi noir »), ruinant ainsi de nombreux spéculateurs. Jay Gould et James Fisk empochent néanmoins de gros gains et ne seront jamais jugés pour leur manipulation du marché.

En 1871, le scandale du *Tweed Ring* éclate à New York. Il s'agit de la révélation d'un trafic d'influence et de clientélisme autour de William Magear Tweed (homme politique américain, 1823-1878) qui met au jour le système politique de corruption et de pots-de-vin de l'association venant en aide aux nouveaux migrants, le Tammany Hall.

Un an plus tard, c'est le scandale de la banque du Crédit mobilier, créée pour soutenir la construction des chemins de fer de l'*Union Pacific Railway*, qui agite l'économie. Un système de fausses factures, de corruption et de financement occulte est découvert, qui engendre des profits de 348 % pour ses bénéficiaires, reversés ensuite aux complices au sein de la compagnie ferroviaire et à des membres du Congrès.

LE SECOND MANDAT (1873-1877)

Bien qu'affaibli par un premier mandat entaché de scandales et de corruption, Ulysses Simpson Grant se présente aux élections présidentielles de 1872 contre l'éditeur du *New York Tribune*, Horace Greeley (1811-1872), un républicain libéral également soutenu par les démocrates. Il est réélu, remportant cette fois 55,6 % des voix et le soutien de 286 des 352 grands électeurs.

Dès le début de sa nouvelle présidence, Ulysses Simpson Grant fait passer le *Coinage Act* (la « loi sur la monnaie »), mettant fin au bimétallisme (convertibilité de la monnaie en deux métaux, or et argent) au profit de l'or.

Le 20 septembre 1873, suite à la faillite de la première banque des États-Unis, la *Jay Cooke & Co*, qui ne parvenait plus à vendre les actions et les obligations (c'est-à-dire les parts d'emprunt acquis) de la *Northern Pacific Railway*, et à ses conséquences sur un grand nombre d'entreprises, la bourse de New York doit suspendre ses transactions pendant dix jours, faisant naître ce qui a été appelé la « panique de 1873 ». Persuadé que l'événement sera de courte durée, le président tente toutefois d'y mettre un terme en demandant à son secrétaire au Trésor d'injecter 70 millions de dollars d'obligations, mais la réponse apportée n'aura pas l'effet escompté et la crise perdure pendant quelques années.

Par la suite, Ulysses Simpson Grant choisit de mener une politique économique inflationniste, à laquelle sont favorables les agriculteurs et les classes ouvrières, mais qui rencontre toutefois l'opposition des banquiers de l'Est. Il est toutefois contraint d'y mettre fin après les élections de 1874, qui sont désastreuses pour les républicains.

La fin de la carrière du président est entachée par de nouveaux scandales. Ulysses Simpson Grant découvre que certains collecteurs d'impôts se sont liés à des représentants et à des responsables de l'agence responsable du recouvrement, l'*Internal Revenue Service*, dans le but de se rémunérer de manière exorbitante. Par ailleurs, l'affaire du *Whiskey Ring* révèle que son propre secrétaire particulier, le général Orville Elias Babcock (1835-1884), est impliqué dans une affaire de fraude aux accises. Il est donc révoqué par le président.

En 1876 a lieu l'élection présidentielle à laquelle Ulysses Simpson Grant désire participer. Or, depuis George Washington (1732-1799), premier président des États-Unis, la tradition veut qu'un président ne puisse pas cumuler plus de deux mandats, ce qui reste encore d'application aujourd'hui. Mais en 1876, celle-ci est tout au plus coutumière. Par conséquent, le Congrès veut la consolider en votant une résolution qui devrait empêcher Ulysses Simpson Grant d'être réélu, ses mandats ayant été entachés par les scandales et par la crise économique.

Les républicains désignent alors un candidat de compromis, le gouverneur de l'Ohio, Rutherford Birchard Hayes (1822-1893), tandis que les démocrates choisissent le gouverneur de l'État de New York, Samuel Jones Tilden (1814-1886). Au moment de l'élection, le scrutin est marqué par des fraudes massives, en particulier dans le Sud (Caroline du Sud, Floride et Louisiane), ce qui pousse Ulysses Simpson Grant à demander au Congrès de régler équitablement la question par voie législative. Il dépêche également l'armée en Louisiane et en Caroline du Sud afin d'y maintenir l'ordre, sans pour autant faire pression en faveur de l'une ou l'autre candidature. Mais, bien que Samuel Jones Tilden semble avoir gagné le vote populaire, il est devenu impossible de départager les deux candidats, en dépit de la création d'une commission électorale instituée à cette fin.

C'est dans ce contexte que prend forme le Compromis de 1877, qui consiste en un arrangement informel grâce auquel Rutherford Birchard Hayes peut être investi en tant que président. En plus de cette désignation, l'accord prévoit également de substantielles compensations matérielles pour les démocrates sudistes : le retrait de toutes les troupes fédérales des anciens États confédérés, la nomination d'au moins un démocrate du Sud au cabinet Hayes, la construction d'un second chemin de fer transcontinental passant par les États du Sud, et une législation visant à aider l'industrialisation du Sud. Samuel Jones Tilden devient ainsi le premier candidat à l'élection présidentielle américaine à remporter le vote populaire, sans toutefois être élu.

Ce « compromis » marque la fin de la reconstruction. Les États du Sud prennent leur pleine autonomie politique, ce qui leur permet de mettre sur pied une politique de ségrégation raciale qui durera près d'un siècle.

RÉPERCUSSIONS

Parfois classé parmi les pires présidents de l'histoire des États-Unis, parfois encensé, Ulysses Simpson Grant laisse un héritage qui a été diversement apprécié au fil du temps.

Les efforts majeurs qu'il a réalisés afin d'intégrer les Afro-Américains et les Amérindiens à l'Union ont permis d'améliorer leur condition. Toutefois, le Compromis de 1877, qui marque la fin de la période de reconstruction du Sud, est à l'origine de la ségrégation dans les anciens États confédérés qui perdurera jusque dans les années soixante. De même, sa politique de paix envers les Amérindiens ne rencontre pas le succès escompté et provoque même de nouveaux scandales.

Bien qu'ayant eu le courage de lancer des politiques « civiles », de prendre certaines décisions en matière de politique monétaire en vue de limiter l'inflation, ou encore de tenter de réformer la fonction publique, Ulysses Simpson Grant n'est pas épargné par les forces, les tendances et les circonstances qui l'ont porté au pouvoir. En effet, durant l'âge doré, républicains et démocrates s'accordent, au moins implicitement, sur un point : ils n'ont que peu d'intérêt à être soumis à un pouvoir présidentiel fort en cette période de croissance et d'expansion économique qui engendre nombre de possibilités d'enrichissement plus ou moins rapide.

Néanmoins, l'action d'Ulysses Simpson Grant en matière de droits civiques trouve finalement ses fruits dans les années soixante, après le coup d'arrêt magistral induit par le Compromis de 1877 et par des interprétations restrictives de la Cour suprême.

Bien qu'ayant amené, en tant que général, un nouveau style de commandement, Ulysses Simpson Grant est également affecté par des valeurs militaires qui ne correspondent pas toujours à l'activité politique, telle sa loyauté quasi aveugle envers ses collaborateurs et ses proches, et qui lui porteront préjudice, notamment suite aux scandales qui ont émaillé ses deux mandats.

Tous ces éléments combinés font que la présidence se retrouve considérablement affaiblie. L'élection de 1876 et la fin du second mandat d'Ulysses Simpson Grant offrent l'opportunité aux forces non-interventionnistes de prendre le dessus, ouvrant ainsi une ère de « présidents oubliables » et de productivisme industriel.

Toutefois, son dynamisme et ses quelques interventions à l'étranger rencontrent un certain nombre de résultats et marquent les débuts de l'interventionnisme américain et des doctrines impérialistes.

EN RÉSUMÉ

27 avril 1822	Naissance
1861-1865	Guerre de sécession
4 mars 1869	Investiture en tant que 18e président des États-Unis
22 sept. 1869	*Black Friday*
1870-1871	*Enforcement Acts*
4 mars 1873	Seconde investiture
20 sept. 1873	Panique de 1873
Janv. 1877	Compromis de 1877
5 mars 1877	Investiture de Rutherford Birchard Hayes
23 juil. 1885	Décès

- Ulysses Simpson Grant est un homme loyal et intègre, sans ambition manifeste, que les événements et son style de commandement portent aux plus hautes fonctions militaires et politiques.

- En 1863, il est nommé lieuténant général et commandant de toutes les armées de l'Union par le président Abraham Lincoln à la suite des succès qu'il a rencontrés au cours de certaines campagnes et batailles.

- En 1865, il signe la capitulation sudiste avec le général Robert Edward Lee à Appomatox, marquant la fin de la guerre de Sécession.
- Trois ans plus tard, il est élu président avec 52,7 % des voix et l'appui de 214 grands électeurs contre 80.
- Son premier mandat est notamment marqué par la lutte contre l'inflation, la paralysie politique, la corruption et les scandales, la poursuite de la politique de reconstruction du Sud, l'expansion à l'Ouest, la politique de paix à l'égard des Amérindiens et l'interventionnisme en politique étrangère.
- Tandis que le second est entaché de nombreux scandales touchant même ses proches, et est marqué par les difficultés à réformer la fonction publique ainsi que par la crise suivant la panique de 1873.
- En 1876, alors que doivent avoir lieu de nouvelles élections, Ulysses Simpson Grant ne parvient pas à décrocher la nomination républicaine.
- Suite à ce scrutin, républicains et démocrates s'accordent sur le Compromis de 1877, qui stoppe la reconstruction du Sud et entraîne une ère de ségrégation raciale dans les anciens États confédérés.
- Après avoir essuyé de nouveaux déboires en affaires et en politique, il se retire peu à peu de la vie publique et entreprend la rédaction de ses mémoires, centrés sur sa carrière militaire, qui deviennent une œuvre majeure de la littérature américaine.
- Le 23 juillet 1885, Ulysses Simpson Grant décède et reçoit les hommages nationaux.

POUR ALLER PLUS LOIN

SOURCES BIBLIOGRAPHIQUES

- Cook (John), « Grant – The Uncaring Drunken Butcher ? », in *American Civil War Round Table NSW Chapter*, February 2002.
- Fritz (Henry, E.), « The Manking of Grant's Peace Policy », in *The Chronicles of Oklahoma*, volume 37, n° 4, 1959, p. 411-432.
- Grant (Ulysses Simpson), *Personal Memoirs of U. S. Grant*, New York, C. L. Webster, 1885-86.
- Grant (Ulysses Simpson), « Lettre d'Ulysses S. Grant à Elihu B. Washburne. 23 juin 1864 », in *Grant Papers*, XI, p. 122.
- Joens (David), « Ulysses S. Grant, Illinois, and the Election of 1880 », in *Journal of the Illinois State Historical Society, University of Illinois Press*, vol. 97, n° 4 (Winter, 2004/2005), p. 310-330.
- Meilinger (Philipp S.), « Soldiers and Politics : Exposing Some Myths », in *Parameters*, été 2010, p. 74-86.
- McFeely (William S.), *Grant. A Biography*, New York, W. W. Norton & Co, 1981.
- Oseid (Julie A.), « The Power of Clarity: Ulysses S. Grant as a Model of Writing "So That There Could Be No Mistaking It" », in *Legal Communication & Rhetoric*, automne 2012, vol. 9, p. 49-80.
- Simon (John Y.), « Ulysses S. Grant One Hundred Years Later », in *Illinois Historical Journal*, vol. 79, 1986, p. 245-256.
- Simpson (Brooks D.), « Ulysses S. Grant and the Failure of Reconciliation », in *Illinois Historical Journal*, vol. 81, hiver 1988, p. 269-282.
- Stephens (Alexander H.), *A Constitutional View of the Late War Between the States : Its Causes, Character, Conduct and Results, Presented in a Series of Colloquies at Liberty Hall*, Philadelphie, National Pub Co., 1868-70.

- Sᴜʟʟɪᴠᴀɴ (Jack), « Ulysses S. Grant. His Whiskey History », in *Bottles and Extras*, janvier-février 2007, p. 59-61.
- Wᴀᴜɢʜ (Joan), « History Reconstructed. Moving beyond a caricature of Ulysses S. Grant », in *Huntington Frontiers*, automne/hiver 2009, p. 8-13.

MUSÉES ET BÂTIMENTS COMMÉMORATIFS

- *Ulysses S. Grant Memorial*, situé en face du Capitole à Washington (États-Unis).
- *General Grant National Memorial* à Morningside Heights, Manhattan, (États-Unis).
- *Ulysses S. Grant Presidential Library*, bibliothèque située dans l'université du Mississippi (États-Unis).
- *Ulysses S. Grant National Historic Site*, situé à Saint Louis, dans le Missouri (États-Unis).

www.50minutes.com

Éditeur responsable : Lemaitre Publishing
Rue Lemaitre 6 | BE-5000 Namur
info@lemaitre-editions.com

ISBN ebook : 978-2-8062-5442-9
ISBN papier : 978-2-8062-5620-1
Dépôt légal : D/2014/12603/49
Photo de couverture : © Brady-Handy Collection

Conception numérique : Primento,
le partenaire numérique des éditeurs